KB253863

창비시선 118

김경희 시집

작은 새

창작과비평사

1994

차   례

제 1 부 이곳에 살기 위하여

제 2 부 또하나의 사랑

제 1 부

이곳에 살기 위하여

작은 새

너처럼 조금 먹고
너처럼 조금 잠자되,

노래는

슬프도록 여물어

事物과 事物 사이
정겹게 흐르며

제일 잘 놀고픈

부리 고운
햇살

내 마음의
들 窓 하나.

통 보

야위어서 무성한 난초 화분
탁자 건너엔 대조적으로
살찐 그림처럼 앉아 아름답게 졸던
사람들이

문득, 헐렁하게
한 벌 겉옷으로 남겨지고
바람은 그의 저택이었다.

흩어지는 住所를 바라보다가

꽃향기가
가만히 쇄도하는 고운 아침,

풍요는 늘 그곳에만 있지 않고
새로이 집을 나간다.

독 신 자

그대 마음은 중환자실——
대기된 죽음이 무심히 窓을 만드는 거기

오늘은 혼자서 흥행영화를 보았고
어제는 물잔을 헹궜으며
새의 모이가 떨어진 걸 알았다

내일은 무반주의 빗소리를 들으며
교회에 가고 돌아오는 길엔
일용할 양식의 몇 톨 감자와
有限락스 한 병도 구입하고

………

아파트의 열쇠를 꺼낼 땐 신호처럼
우리들과의 선서를 생각할 것이다

………

스위치를 올리자 기침소리도 없이
영접해 오는 자기의 그림자는
간단히 일별하고, 커튼이 밀리고

………

물이 끓는 동안 신문을 읽고 접으며
小食의 식단과 내일의 차트를
운명, 또는 절멸처럼 떠올릴 것이다

………

다시 단독의 유서 깊은 달빛이
길 너머 길을 보이는 거기
그대 마음은 중환자실 ——

………

가령, 차고 푸르른 자신의,
메스의, 심연의, 간호원
흰빛 까운의 —— 혹은 뜨거운.

아 귀

오늘은 동지제

눈물 따위로야 다 채우지 못할
구천의 五臟은 있어

부처님 몸 한 도막씩을
배급받으려는 허기들처럼이나
그렇게 무서운 목숨의
인파, 천파, 만파가 운다

내 것이 나의 것이고
너의 것이 내 것인 수저를 달라
붉은 팥죽을 뜨느니
우리는 허공을 떠서 허공을 삼키며
허공에 허공을 흘리우며
가도 가도 아주 가지는 못하고
일백 劫의 밤을 돌게 되리라니……

이제, 우리 중에
굶주림을 번쩍 완성하려는 자여,
오늘은 大開心佛事가 있는 날.

한점 내리는 박명의 눈발에도
범종이 울리는 까닭을 듣겠느냐
흐드득! 반쯤은 눈을 뜨느냐

열려진 우리 뱃속의, 그 法華經을
본다 하겠느냐

그렇구나, 모든 굶주려함은 法悅이었어라.

꼽 추

태양을

꼬옥 껴안았다

生은 그 안에서 잠시
오징어 구이처럼 굽이치고

슬픔은

王陵처럼

길이
말이 없을 것이다

중 독 자

쥐가 아닌 나와
쥐가 아닌 우리가

아는 것이 病 모르는 것이 藥
모르는 것이 병 아는 것이 약

알기도 하다 모르기도 하다

병이기도 하고 약이기도 하면서

독 안에 들어
만고상청 ——

女 子

까미유 끌로델에게

神께서 빚어놓고는, 바라보다가
그 아름다움에 사랑에 빠져……
탄식하며 가만히 떨군 눈물인, 女子

물인 女子는
이승을 흐르며 헤매이며……

불멸의 사랑만 노려보느라
불후의 아름다움만 노려보느라
눈알 빠진 인형 되어 살다 간다

神도 만드신 걸 후회하였을
물인, 눈물인 女子

鐵 絲 人

쟈코메티여

저 구름에도 이빨이 있지?

난 또 방금 그 구름에게
뇌를 물렸지
아주 파아랗게

그래,
이젠 살을 단념해야겠네

失　題

해는 울고 가고 ——

오늘도 돌아다본다마는
내일도 걷는다마는

믿었던 달이
따라오지 않는다

月谷에서 낙하한 항아같이
나는, 고향을 버렸기 때문이다

그림 없는

빈 액자의 달

힘

이 거리 고압전선 아래
나, 저혈압 저혈압으로
절룩이며 흐르지

저 바람 평지풍파 위
검불 검불 되어
휘몰리어 나부끼지

그런 내 발끝에
스쳐 닿아오는

어느 날의
풀 한 줄기에게도

'아버지이~'라고
불러보고 싶었다

默　　祕

밤은 계엄령이다

貴下의 진주를 삼키지 않은
一群의 거위

탐조등 아래 끌려가
칼을
받아들인다

어떤 침묵,

피〔血〕는

달을 적시고
벽보를 적시고
땅을 적시고

그리고
아무것도 적시지 못했다

백 합 표

청결 ?‥‥‥ 네가 흘러가는 곳
그곳은 어쩌면 한 암흑일지 몰라도

매양 탐나는 것은
만 톤의 물과 비누라서

빨래 솜씨 유명한
저 처녀

손이 뚫어지도록 맑은 물
길 속의 富豪 같고

108 남루 비비고 씻고 헹구느라
화알화알 푸르른 숨결은 세어서

제 피마저 하이얗게 우는
눈물의 發散香 !

순결? …… 네가 피어나는 것
그 몸 또한 한겹 남루일지 몰라도

짐

손에 들고
등에 지고
머리에 이었다
목에마저 걸 수만 있다면 걸고,

밀어주는 손도 없는 맞바람
맞으며 안으며 품으며
길을 가는 사람,

역류하는 인간의 魚族

다만 살기 위해 살아가는 사람들.

'표류'로부터 그들을 지켜준 건
삶의 저 '荷重'이었다

혹은 햇빛 있는 어느 길 위쯤

나비처럼

짐 위에 자기를 꽃피워 보는
사람들

광고는 가라

廣告는 가라

'나의 쟈카드 ——
나의 오토바이 ——
어떤 험로주파도 가능한
무쏘 ——'로

가라

狂告는 가라

그   날

풀잎,
처음엔 하나였다

풀잎 풀잎,
다음엔 둘이었다

풀잎 풀잎 풀잎,
그리곤
셋이었다 여섯이었다 열둘이었다

그 위를 지나갈
저 밤의 군용열차도

장장한 네 풀빛 눈부셔
곧 전복될 듯만 하였구나

일어서는
풀들의 레일이여──

가 을 밤

그래, 그때가 와서

너의 별 가고
내 별도 진다

그래, 그때가 와서

물든 잎새 뒤에
열매들 여의리니

눈물마저 구을러
시드는 시간엔,

安心하라……

하늘은 고요히
우리 눈물 받아

또다시 찬연한

별들의 産卵期인 것을.

추수감사

만경 평화 평야
넘실——

고개 숙인
벼 벼 벼…… 들께

올리옵나니

나의 擧手敬禮,

가을
지평선 끝까지

슬픈 킬러

저이는 무엇을 찾고 있데

사과 좋아하는, 사과 속의 사과벌레 있지?
사람 탐하는, 사람들 속의 사람벌레
사람 그리워 떠돌고 있데

일장 사람의 모래 속에서
사람 찾아 켜지는 라듐의 눈!
향취라면 그중 잘 동하는 첨단의 코!
부르고 꿈꾸는 속삭임으로 입은 뜨거!

오늘도 사람의 사하라에서
사람의 美都波를 그리며
밀리며 뒤비며 밀리며

이상한 다족의 광채로
잘도 헤매이고 있데

취　락

그의 엘도라도는
西部에 있지 않았어라

나누는 사소한 땅뙈기
더운 땀 흘려 씨앗은 가꾸고

시냇물 닮은
너와 나 가슴에 들어
발을 씻으면

알맞은 고무신결로 안겨오던
지지리들의 노래

달빛은 향기로 입고
햇빛은 패물 삼아 받았어라

콧구멍만한 행복이 작은 것도

몰라, 대바보들이 소바보들을
낳으며 낳으며

무심히 몸이 익고 지던
분홍빛 江가

동방의 어느 하늘 밑
── 자욱한 옛집

클린 업

물이 썩고 공기가 썩고 흙이 썩고
우리가 썩어도,
욕망만이 썩지 않을 때

썩은 것이 썩어 거름이 되지 못하고
썩은 것이 썩어 해탈이 되지 못하는

'지구'라는 상처 —— 슬픈 生體는

영악무지에 벌레먹혀
통째로 썩어 떨어지려 하나니

神을 능가하자던
자축자행의 손들을 놓자,
놓은 손 씻자, 씻은 손을 잡자.

50억의 잡은 손들 오그려!

눈물겹게 들어올려야 할
'지구'라는 ―― 절세의 水晶

제 2 부

또하나의 사랑

自　　然

그 이전에 하늘은 너의 갈라진 마음을
몇 바늘 꿰매주고, 기다려 꽃이 되게 하였다
나머지 아침엔 피묻은 실밥 곱게 뽑아주고
지닌 상처의 自己를 영광이게 한다
도드라진 美이게 할망정, 꽃에 不具는 없다
뜻은 뜻에 그렇게 얽혀 '온전'을 이룩한다

복 숭 아

그대를 좋아하는 벌레처럼
파고드는 내 그리움
한 마리

어쩔까

온통 젖〔乳〕으로만 가만히 계신
聖母이신 태양이여

나는 그대에게 매달려
그대보다 둥글게 살이 찐다

불량스레,

나날이 이뻐진다.

佛 頭 花

'소유한 것은 비상한 인격의 아름다움뿐이라고
제발 당신은 당신을 그렇게 믿지 말아요'
라고

한 여자, 그대 품격자들에게 노래한다
도발하는 걸음으로만 몸으로만
웃고 춤춘다

그렇게 살고
죽은—— 죽는—— 죽을
저 살과 피의 살로메들도 위하여

오늘은 하늘의 빛 덜어
이마 숙여 귀기울여 줄 것도 같은
묵묵한 下心의 그리메

그 뜻하심은 무어냐

흰 燈 구름 구름 속에는
다시 석가모니도 보이는 4월

詩　法

1

그대를
아주 얻지 못하고 아주 버리지도 못하는,
벼랑 끝에서만 나는 꽃이었다가
그 벼랑 끝에서 언제나 한 걸음 더 내딛는
완전한 美를.

2

난해하지 않을 것
더욱이 적절할 수만은 없는

이를 덜덜 떠는 사랑의
값없고 깨끗한 知性의

3

가령,
내 눈 속에 그대 눈물을 만날 것
그대 눈 속의 내 눈물을 버릴 것.

적 선

낮은 데로 임하소서

오체투지의
앉은뱅이 동냥그릇에

왼손이 알지 못하게
오른손도 모르라고
떨구고 돌아서는

내 한닢의 善心은,

문득
떡을 밟고 난 발처럼
부끄러웠다.

詩　怪

습, 쑵, 습……

너의 빛이 내 어둠을
빨아 마시는 소리

잠자코
눈물마저 없이
그리하여

더 이상
깨끗해질 수 없으리만큼
뼈만 남은 나

보인다,
도처에서 네 빛이
배터지고 있는 아름다움

愛　　讀

없는 남편 하나 불러
곁에 눕듯이

책 안으로 밖으로 나를 헐벗는
저 대낮의 눈부신 내륙에선

이윽고
관능 이전과 이후의 밤바다가 부풀고
정신은 새벽의 성좌로 깊어만 갈 때
마침내
인식의 껍질 속 개벽을 낳는
첫 빌미에서 —— 나는 보겠네

無明을 쪼아먹고 살찐
예지의 올빼미 한 마리
진보의 심부름인 양
오렌지빛 지혜의 햇덩이 하나

휘익, 던져주고 날아오름을

하면, 나는
지상의 양식 또 더해짐을
뜨거운 아들 받듯——
치마폭에 받아 안겠네

白　紙

때론, 내 뜨거운 色身의 화폭에
가득 그려넣어야 할 건
방대한 허무의 '여백'뿐일지 몰라

때론, 내 싯누런 욕망의 뱃속에
다시 그리워해야 할 건

맑고 아득한 '결여'뿐일지 몰라

한밤의 응시는……

하얗게 꽃으로 피며 사윌래

샘

깨끗한 性.

뚝
뚝
듣는

그대 오랜 겨울과 내 이제의 봄이
그대 이제의 미소와 내 오랜 눈물이

두고
두고
입을 맞추는 곳

千古를 그렇게 가되
늙을 줄을 모르리라고……

유리창 밖으로의 기억

오월의 新川里 새 잎새들은
맑디 고운 손바닥 들어
하늘 한 모금씩을 떠마시고
떠받들어가고
새들의 찌줄거림은
바람의 셀로판 보자기 속
이 모퉁이 저 모퉁이
이마 대어 찢어보고
빛이 꾸겨지는 화안한 소리를
귀 모아 들어도 보고
자, 이곳으로부터
저 과수원에 이르는
긴 언덕의 한나절에는
메에~ 염소가 울고
귀 뜨이는 일단의 풀들은
이들~ 이들~
하면, 그 풀色 덩달아

염소의 젖들도 자꾸 붇고
배부른 애기바람의 화평이
물을 건너 흘러가는 곳……
기다리던 흰 배꽃밭도
부신 누룩술로 괴어
피어 피어 오르나니
이, 알 수 없는 영원한
향기의 그윽한 쇄도여……
나 또한 그 품 속에 들어
酩酊의 자식 되어
하늘 보고 누웠거니
지나는 바람의 혀가
흐르는 눈물을
핥아주고 가도다

아카시아 그늘의 꿈

퍼져라 나누고 주는 일의 여왕인
어머니인 계절
5월의 은유스러운 정오 언덕,
하늘의 대형 스크린 멀리 가까이
한 꽃나무 숲 많게 비쳐온다

시나브로 인류의 밥그릇을 기구하던
마더 성 테레사의
주름 따뜻한 이마, 늠연한 江의
출렁이는 배경은 있고

그 꽃나무 메가톤급 '풍요'의
상징으로 육박 육박해 온다면
지평 바깥 쪽
검은 아프리카 누런 아시아
흰 아카시아 속 슬로우 비디오 속
마라톤으로 걸어오라, 걸어온다면

만군의 천연의 벌나비떼들도
구름의 사치한 향 치약 짜내어
희게 잇바디 잇바디를 닦고
밥! 받으러 가자는——

또한 화창한 뉴스도 비쳐오고 있다

한여름 캔버스 —— 정물 다섯

〈백장미〉

천사를 저당잡히고

마왕에게 주문한 꽃,

마왕을 낮잠 들게 한

천사가 피워낸 꽃

〈토마토〉

빛나던 입술·눈·코

다 어디 가고

무골의 용량

아무러이 놓인 —— 마티엘풍

시큰둥한 표정의 中年들

〈스카이 맥주〉

푸름이 넘쳐 띄워보낸

구름의 선박들

해변의 길손 따라

흘러오고 흘러가고

〈색소폰〉

잃어버린 흐느낌을 돌려다오
내 마음의 악보를 찾아다오

〈바이블〉

우리들의 위생상자 위으로
누군가의 슬픈 손이 얹힌다
가을 비둘기처럼 묵상할
시간으로의 —— 저 문 끝에서

가 을 낮

베를레느씨 댁
'다 망가진 걸상' 위에 앉아
詩를 읽다가

詩는 햇빛에 재가 되고,
네 푸른 아이새도우
강물은 울었다

마지막 사랑의 설복처럼
저 여름의 끝 꽃밭이
단 한번 화려함으로 붉게 탈 때

사물의 내장 속으로는
밝고 재빠르게 달아나는
미모의 흰구름 구름들

베를레느씨

이제 내년에도 다시 뵐 수 있을까요?
안녕, 안녕

삐걱 삐걱 찾아왔던 내가
삐걱 삐걱 그대를 따라
떠나가고 있었다

말에 대하여

침묵은 황금이 못 되고
황금은 힘이 아니며
힘은 납이 아니고
납은 존재를 찍어누르는
죽음의 판형이 될 수 없다는 것을

침묵은 안다, 안다는 것은
말이고 말은 사랑이요
전략이며 존재요 생명이다

그러므로 오늘도
침묵은 말로부터 말을 건너온
넘치는 풀무질로
황금을 태우는 물이 되고
납을 녹이는 불의 꿀이 된다

하여,

생명을 뎁히고 꽃피게 하는
만상의 부친과 모친의
약혼이 된다
천사의 주인인 그분이 된다

나는 그분 닮은 침묵에
입을 그려 넣고…… 또 지운다

고궁의 사랑

잊혀져가는 아름다움이
버려져가는 아름다움을 수습해
데불고 가는 바람의
'구악기' 소리를 듣는가

낙엽이 맥 기대어
낮은 노래 모으는 곳
메마른 관절의 벤치 위
기우는 양지쪽

어디 몸 불편한 老婦가
어디 몸 불편한 老夫 곁에 앉아

이제는 너무 오래여서
童心곁로 아려오는 정인가
파란한 세월의 더께 밑
구리거울 속 녹을 닦듯

희미한 옛사랑 빛을 다듬듯,

흐르는 코를 다시 한번 닦아주고 있다

이제는 오래 하나여서
常平通寶의 앞·뒤가 된
얼굴들——

애틋한 노을 속
웃는 폴라로이드 속에 잡힌다

오동도 아리랑

가야겠네
흔들리는 지축의
기나긴 밤으로의
내 노래는,

북단에서 땅끝까지
앉지 못하는
立像으로만 가야겠네

그예 길은 끊어지고
전도는 요원한 곳에서

스스로를 뚫고 나는
명징한 시누댓 소리
청피리로 울어야겠네

마음속

붉은 斷崖 하나
노래로 품고 피어나는

내 동백꽃의 루지 !

눈 오는 월드 홀에서

Duncan*은 가고,

아무래도 그 여자의 불길은
영원할 수만 있다면 영원하고 싶다고

보여, 보여 지금 이 겨울 거리
뜨거운 맨발을 토대로 한
흰 눈송이들 같은 것도

육체처럼 육체처럼 다시 휘몰아
춤추며 내게로 오게 하네

그러면
언제나 좀더 붉고 붉은 장미같이
지상의 밤은 밝아지고

아무런 죄도 없다

아무런 추위도 없다

결심하지 않아도 사랑은 피고 별은 또 지듯
목숨과 美, 죽음과 찬란함의
낭비, 낭비, 낭비 사이로
쏟아지는 흰 눈송이들

그러면
우리는 저 단 하나의 월드 홀에서
무수하고 깨끗한 춤표 되어
마주치라, 굽이치라, 영원하라 하였네

Duncan은 또 오고.

  * Duncan: 미국의 여 무용수 이사도라 덩컨.

雪原에 부침

고정희에게

언제나 그대를 떠올릴 때는
하얀 '夥多'라는 뼈아픈 감탄사
순수의 과다
분노, 정의의 과다
다시 돌아오던 사랑의 과다.

우리 중 먼저 길이라 호명하지 못하던
그것들의 詩의 타이탄을 몰고
고독의 시베리아의 비창의 국가의
모노레일 위를 달리자던,
自由의 위태한 순결이었거니

그대 아름다움 도리어 두려워
우리는 흑매화로 젖어 서고
외따론 배경으로만 지났거니

'과다'의 젊은 길 끝에서

외로움의 지평을 해처럼 트고
그대 그만 자명한 적동백으로
울고 싶었나
가진 것 모두 풀고 땅속에
몸 감추는 地藏이고 싶었나

시리도록 뜨거운 목숨은
삭풍에게 물결에게마저 나눠줘
아까움도 없는 끼끗한
멋의 飛白圖로 흩날리는가

그대보다 더 쓸쓸할
이 세상 저 荒地의
무덤들 위
복욱한 복욱한 봄풀옷 되어
덮일 때까지

흩날리는가 빛나는가

어두운 곳에서 밝은 곳으로
돌아간 사람아.

　＊ 雪原은 故 고정희 시인의 아호.

다시 月光曲을

그후로도 오랫동안

달만 보면
미칠 수만 있다면

여전히
하늘의 CD 플레이어로
흐르고 있는 달!

그리움의 붕대 풀어내는
손끝 들어 신청하려니

베에토벤의 은발은
눈 먼 가슴을 씻어주고

이태백의
장엄 淸風가는

月印千江 월광곡.

어머니의 철학

어머니는 소금이 '달다'고 한다
물이 '달다'고 한다
올해도 아들딸들에게 나누어 줄
고추장 된장 간장이 소금에 물이
잘 맞아 달다고 웃으신다

과학철학 하는 화이트헤드 박사의
'인생을 감미롭게 하는 건 소금이다'
라는 테마 강연을 언제 들었겠는가
'물이 제일이다' 하던 老子님을
어느 때 만났겠는가
그런 글씨가 있다는 것도 모른다
어머니는 말로 듣지 않은 걸
몸으로 맘으로 안다. 알아도
'안다'라는 문장도 명민한 지식도
되어 나오지 못한다.

생각느니……
자식들 낳고 기르고 다 주느라
흘린 피·땀·눈물이 모두
소금기 아니던가 물기 아니던가
어머니의 타고나신 끼는
소금기다 물기다. 그러한 끼로
늙어, 시어, 꼬부라져, 죽는 날까지
피·땀·눈물 다 못 끊느니——
못 끊으니 '달은' 것인가
어머니는 소금이 물이 달다고 한다

어머니의 소금은 썩지 않는다
어머니의 물은 우리를 목욕시킨다

이 슬

귀여운

아이

하나가

벌써, 말을 하던가요

'엄마,
저의 일은 땅 위에 눈물 하나를
가만히 놓고 가는 일뿐이에요'
라고.

하늘에 망망히 웃는
아침 꽃밭가에서.

등꽃 아래로

고모, 고모 쟤는 왜 고모를 이모라 해?
이모, 이모 쟤는 왜 이모를 고모라 해?

왼쪽팔엔 세살배기 꼬마 친조카
오른팔엔 네살배기 꼬마 외조카

서로는 엉키는 새순인 양 조롱조롱 매달려
무구한 혼돈, 빛 따는 다툼이 한창인데

아직은 오전 —— 세상의 분별을 배우기 전

이모고모, 고모이모, 여기루 와서 놀아요

짤, 짤
혀짜래기 말로 등꽃이 피어난다

내가 갈 수 없는 하늘가에
랄라, 유년의 그넷줄을 민다.

첫 비

방광이 큰 한 女神 있어,
서리서리 허리띠를 푸시는가

예까지 오실 길은 멀어
첫 비가 된다

하늘엔 별들의 커튼……
땅 위엔 소소한 사랑이……

清流로 모이는 여울 건너,

대지의 패인 뺨엔
살도 오르고 오르고

마른 나뭇가지마다
애기 울음의 잎새들

신록의 배내옷들
자욱이 눈부시리

뛰는 노을

가난한 山동네 아이들의
그림 스케치북 속에는
그중 많이 주홍색 크레파스가
묻어나지요

일찍 일어나라고 솟는 해
무등 태워 놀아주는 해
멀리까지 혼자 질 줄 아는 해

또한 제일 친하게
김칫국 냄새 같은 것만

알몸으로 경험하기 때문이죠

매워, 매워
녹슨 안테나 밑이 자욱해
바람이 혀를 불고 갈 때

아이들은 그걸 보고
또 까르륵!……

아버지가 들고 오는
거나한 저녁달이 보일 때까지

가 지

무슨 주먹이 저러나?
저리 예쁘냐 하면

부모 형제 일찍 잃고
외로움에게 얻어터지며 자란

고아원 뜰의 만수는,

이 다음에 커
고독한 제 사랑
대명천지에 내보일 거란다

그의 꿈은
록키보다 세 번을 더 일어서는
복서(boxer)가 되는 것

태양을 깨운 이른 아침

뽀드득

글러브를 닦고 있다

들국화

철길 따라 둑길 따라
풍금이 울던 시골 소학교

여선생님 무명 블라우스엔,
작은 敎外別傳이라도
삼으렸던 뜻일까?

언제나 헐값의 조그만
꽃브로치 하나씩 꽂았지

소녀애들 예쁜 눈독이 들던
꽃브로치들.

빈곤의 아름다움 물결쳐
빛나던 生成의 언덕 ——

가을 동창회 때마다 오늘은

그 시절 그 언덕 자태 되고픈

저 나이 들어가는
素女들의 보랏빛 앨범 속엔

또다시 애어린
앙코르의 물결~

소 풍 길

젬마 수녀님의 외출길
어떤 개인 날 들길엔
웬 어린 흑염소 한 마리
따라가고 있었습니다
한사코 뒤따라오고 있었습니다

이제는 아주 건너가야 할 무연의
네거리 물가에서 수녀님은 돌아보며
'애, 가거라 그만……'
흰손을 드는데, 가납된 한 치 베일
걷어들고 물 위를 건너는데

어느새 제가 먼저 뛰어건넌
흑염소의 저쪽 마중
매맑은 풀꽃들의 바람 속에서
생각합니다 묻고 있는 듯합니다

길 위에서 길 위로만 걸으실,
오늘밤도 신발 벗지 못하고 잠드실
수녀님,
이 하루의 길도
괜찮으셨냐고 기쁨이 미풍 같으셨냐고.

수녀님은 미소였을까
멀어만 가는데……
그 뒤에서 더는 못 따라가고
우두커니 배웅인 양 서 있던 ——

수녀님 黑衣 닮은
어린 흑염소 한 마리

이 모두
하느님이 보시기에 좋으셨대나요.

크리스마스 엽서

그림책 속 눈사람을 보던
꼬마가 뛰는 가슴으로 묻는다

—— 언제 눈이 와요?
—— 겨울이 되어야지
—— 겨울이 언제 와요?
—— 많은 밤을 자야지

눈을 깜박이던 꼬마의
귤빛 이마가 동글다

—— 야아, 신난다 그럼, 난
      맨날 맨날 잠만 잘래요

그리고는, 이내 큰일이라는 표정이다

—— 근데, 그럼 하느님이 그동안

너무 배고프시겠다 그치?
우리, 하느님한테 밥 주자 응?

── ? …… !
창밖의 엿들은 바람도
웃고 지나는 밤인데

꼬마는 창 열고 시무룩이 턱을 고인다
어떻게 하면
하느님께 밥을 드릴 수 있는지……

전나무 가지 끝에 걸터앉은
귀때기가 파아란 별이 되도록

나사렛 예수 등에 업힌
졸리운 아기 羊이 되도록

여름방학의 노래

찬란한 비바체의 서울은 공룡에게 맡기고
착란한 달리기의 명문학교엘랑 휴학원서 내고
특종 나귀 소나타는 하늘 너머 드로프스로 바꿔
태양에 단맛이나 찐득이 보태드리고

흙이 그대로 신발인 떡두꺼비 맨발로
안단테에서 더 렌토로 之字걸음~

뚱딴지와 봉숭아 학당 있는
전설의 고향리 찾아가네
느려터진 사투리의 냇물 건너 之字걸음~

가서는, 삼계백숙감 어린 닭들은
손 안에서 풀어 풀어줘
마당에 이는 청풍이나 눈부신 계관의
맨드라미 꽃으로나 반기며 구경하네

잇누런 옥수수 파분파분한 감자는 잘 익어
그 먹은 피와 살이 달아서
모기떼 파리들 찾아들거들랑
절반은 나눠가라 종아리 내놓고 잠이 들며

호박잎새 이불 아래 또 그런 두 번의
밤이 오거든
몇 가마니로 쏟아지는 별들의 생, 생, 생한
수박씨 닮은 옛 이야기들은 어찌하냐면——

네 귀와 배는 밤새 남산만해지겠네
라르고조로 라르고조로 웃는

바보 山水畵가 되겠네

푸른 감이 있는 풍경

꼭지에 피도 안 마른
초록색 고양이라는 녀석은
靑枾예요

볼이 미어져라
태양을 베어물고 있는

딩, 동, 댕
의기양양한 여름낮

그 아깃똥한 목숨의
떫은 육체 한 입이

귀여워요

아직은 슬픔의
노을빛 甘味를

몰라야 할 때.

제 4 부

식물도감

솜 다 리

식물의 高山族
에델바이스

남들이 다 두려워하는
외로움이

당신은 겁나지도 않나요?

지나는 등산객이
그를 꺾지만

그는 어느새 저 하늘가의
한 올 구름이다

드높은 소외.

달개비꽃

간밤
詩 쓰다 잠든
나의 머리맡

잉크 탱크 병에서

살짝
붓을 적셔간

어느 한 줄기 바람이 있어,
이 아침 저 뜰 뒤

아주 곱고 쉬운
詩 하나를 그려놓고

배도 안 고파
해맑갛게 웃고 있다

엉 겅 퀴

누나는
여자도 아니었다
남자도 아니었다

로자 룩셈부르크,

너의 집은?

宮도 寺도 아닌
뜯기는 땡볕 가운데다
난험한 들판의 바람 속이다

별 중에 별
별들의 어여쁜 거지떼
기다리는

자색 밤의

뚫어진 담요 위이다

야심한 사랑의 깃발 아래
매혹의 가시관을 쓰고서

로자 룩셈부르크,

누나는
남자도 여자도 아니었다.

　　＊ 로자 룩셈부르크: 독일의 여성 급진적 사회주의 혁명가.

끈끈이주걱

'아, 위험해 저기 허방다리'

높이 나는 새가 보았다

'너는 내 꿀, 내 피, 내 혼'이라고
침 흘리며

꿈속까지 벌어와 물고 늘어지는
저것들의 고요한 성명은 무어냐

허무 혹은 탐식의 망령이
점액질로 붙드는 거리다 지하동굴이다

'오, 조심해 소화당하지 않도록'

더 높이 나는 새가
전단의 깃털 하나를 떨구고 간다

강아지풀

朴龍來님께

꽃이 되지 않는 풀
개가 되지 않는 강아지

한 뼘 하늘가에
풀 강아지,

고와 고와서

땅 속
녹슨 방울들도 깨어나

울던
먼 지평선——

아득한 연지로
흐르고 있어요
가고 있어요

부르는 내 손등 위에서

질 경 이

———어떠십니까

———응, 나야 장 그렇지

일월과 풍우
그 입이 뱉어버린

초록 츄잉껌쯤으로는

지구의 발바닥에 붙어

오가는 바퀴들
객·진·번·뇌

곰곰 내 맘에 붙이며 살아간다네

———나야, 장 그렇지

클 로 버

成年의 비탈에 선
엄마, 아빠
이리로 오세요

자, 따라 해 보세요
A—B—A—C—A
에이—비이—에이—시이—에이

초록 같은 토끼 같은
세 딸, 네 딸애들은
풀밭 걷고 점심 먹자 한다

A—B—A—C—A 코다의
론도를 추자 한다

어두운 블루스는 가라고

아스파라거스

기영에게

공중부양술 속에
떠오르는 너

존재증명도 부재증명도
증명이란 마다하려 한다

운산무소로 오가는
아우의 무변한 현의
선율 위에선,

完全관리법에 의한 표시를
두 번 읽지는 않는다

'세상은 조용히 흘러가는 거
그것은 향기가 흩어지는 거와
마, 찬, 가, 지……'

透脫自在，活發發……

우리는 결국
‘………’ 부호로 암호로
떠오르리라고

증명이란 마다하려 한다

仙 人 掌

쓰라린 바람과 모래의
시간으로 터를 짓고
우수마저 젖지 않는들

어느 울퉁한 惡心 있어
살아남은 건 아니지
꽃피울 일 많아
기다리는 건 아니지

밤송이를 삼킨 듯
일개 화두를 받았다고나?

仙界 아니어도

연면히 풀어보내야 할
한 조각 굳센 비눗도막 같은
목숨의 권태로운 초록이야

천성 그대로 받아
다시 견인의 찬 별 아래
묵언비언의 두 손을 모둘 일이지

蘭

허약한 마음에, 몸에
좋다는

'사군자탕'을 달이고 있는
겨울날 아침

老母는
또 아들 위해
이불 호청을 시치시고

아슴한 빛이 오는 거기……
바늘귀를 꿰이느라

말이 없는 응시……

약이 다 끓은 모양이다

머리맡의 추동란

한 줄기

'鐵骨素心'……

고요한 미소

베고니아

1촌짜리 컷 속이다
파아란 목숨의 斗室 안이다

나날의 납작집 창가

간결한 生物.

종일을
너와 나의 유리 닦고

찬물에 밥 말며 바라보는
초고추장빛 햇살

빈껍을 째고, 꽃은
또 벙글어

키 작은 모짤트를 알았다

담 쟁 이

그대의 지존은
벽돌과 벽돌
벽돌 쌓기라지만

나의 빈천은
맥박과 맥박
맥박 잇기로 살아

그대를 그리워하는
도둑
40인의 푸르른 도둑.

보아요,

해 아래
高城은 없어요

버섯 F

이것은 상식적인 식용이 아닙니다
송이나 표고 비타민의 느타리도 아닌
식물과 동물의 이전과 이후

섬찍하게 말없는 섬광 직전의
대기된 화려한 이마아쥬,
666 바코드 무늬에 꽂핀
익명의 보고서

문명의 雨後 罪後에 돋은
어이없을 저 핵우산

발효된 경고입니다

미   역

해당화보다
붉은 가슴섶이야

저 명사십리 길을 따라
저 명사십리 마음을 배워

저저히 淡墨빛으로 풀어,
서러울 것도 없는 노래를
난바다에 주던

민낯의 누이들이,

고향 바다를 지키어
거기 살았거니
따뜻이 오래 나부꼈거니

내 물안경 속은
눈물에 아름다이 흐렸었지.

명 아 주

경제개발, 재개발, 지도에도
안 보이는 반 점 삭지里
실비 뿌리는 닷새 장거리

주름 굻은 중로의 어머니들
펄렁이는 비닐우산 아래
골육 같은 푸성귀 내다놓고
다듬고 쓰다듬는다
오가는 눈길 손길 부른다,
기다린다마는……

오나가나 그렇듯 비는 여전하고
소망은 무시로 풀이 삭는데
애틋할손 파 마늘 깻잎 호박
다듬고 또 쓰다듬는데
구름 속에서도 하루는 가고
이제 .수굿이 앉아 헤어보아야 할

오늘의 경제는

귀퉁이가 오래 해진
단돈 천원짜리 몇닢,
꽃잎인 양 품에 넣고 돌아가는 길

아직도 실비 젖는 먼 마을
외진 흙의 거리

그 손 안에서 드러나던
초라하고 순결한 돈의 알몸

싱 아

병들어 적막한 그 한 몸의
옥중의 여자 하나, 십 년을 넘어
'갱생보호회관' 뜰을 걸어나오고 있었다.

그녀의 풀리는 아픈 기억의 레코드에선
과거는 묻지 마세요 산장의 여인 보슬비 오는
거리가 구닥다리 메들리로 휘적이고
다시금 발이 저려 걷지 못할 때,

담 기대어 하늘을 우러러야 할 날
거기엔 소리쳐, 소리없는 大氣의 햇살——
또 눈물이 흐를 땐 땅을 굽어보아야 할 날
그곳엔 방금 돋아난 싱아 한 줄기——

그녀의 눈물에 맞아 떨구었던 한잎 얼굴을 든다
그리곤 그녀는 싱아의 눈에 꽂히었다

옛날 소리쳐, 소리없던 고향의 싱아떼……
문득, 그녀의 입 안에서 마악 깨어나는 침샘 !

‘살, 고, 싶, 다── 내일의 바람이 분다’

사소한 것이 사소한 것이 목을 껴안을 때
사랑이 메아리칠 때 ──

미 모 사

고요히 건드리고 가는 바람의,
기척이 무서워……
우리는 별걸 다 무서워해……

우리는 무서워하지 않고 살 수는 없나.

이지러진 네 눈까풀 속 얇은 잠결엔
언제나 애처로이 흔들리는 태초의 탯줄……

새어 빠져나가는 시간의
가느른 가느른 가느른 숨결은……

그러나 그렇지만 그래도……

다시 네게로 와 네 죽음과 삶에
두루 속하리니……

너희는 무서워하지 말고,
별걸 다 무서워하지 말고 살지어이……

움직이는 것 움직이지 아니하는 것
멀리 있는 것 가까이 있는 것 모든 것
그 모든 것은 그 모든 것 안에 있고
그 모든 것의 밖에도 모든 것으로 있나니.*

  * 힌두교 경전에서 인용.

고 사 리

이 몸이란 본디
기껏해야,

한줌 꿈틀거리는
흙인걸요

꿈은 있어요.

배가 맑아
山寺가 된 사람들

그이들 소슬한 밥상에
때로는 고기맛쯤으로
얹히고 싶은

이름 모를 음덕의
공양,

그 나물일래요.

노 란 꽃

깊고 먼 밤의 어둠

니 마음의 고운 체에 받쳐

피어오른
흙과 물, 햇빛과 바람일랑

향기 나는 콩고물!

접시 담아 이웃집에 돌린다

꽃을 위한 脚註

지금, 우리를 꽃으로 바라보고 있는 그 꽃을 바라보고 있는 우리들——이 관계 안에서 꽃의 이름은 숨쉰다. 그래서 꽃은 더이상 떼었다 붙였다 할 수 있는 장식도 화려함의 브랜드도 불허한다. 그는 자명한 생명의 행로, 소리없는 動詞, 은닉의 감탄사다. 생겨나고 살고 사라지는 빛과 어둠 사이에 나부끼는 우리 현존의 상징이다. 꽃의 다양각색의 얼굴과 자태를 통해 인생의 몇몇 메타포의 송이들을 따올린다. 꽃은 세계와 사물의 비밀 한 귀퉁이를 내다보는 나의 손수건만한 窓이고 때로 영롱한 구원과 평화를 눈짓하는 작은 절간이며 우리를 태우고 가는 승화의 나래 언저리이며, 주검을 받아 덮는 쓸쓸하고 상냥한 한잎 손이다. 하늘에도 땅에도 갇히지 않을 모양, 언제나 조금쯤 牛空에 떠서 걷는 맨발의 넋과 육체인——꽃을 이쯤에서 바라다본다.

후　기

　　지상의 낮고 사소하고 외따로운 것들——

　　소유의 작은 그루터기를 잡고 앉아도 스스로 自在하는 아름다움, 정갈함, 또는 생명의 도저함.

　　그러한 삶의 대상과 존재들에 대한 관심과 소중함에서 이 시집은 묶여지는 셈이다. 가령 '작은 새'나 '식물도감'의 일련의 시들은 그 점의 투사(投射)들이라 하겠다. 그밖에 주제상 닮은 흐름을 가진 시들을 모아 부제를 없고 4부로 나누었다. 기법면에서는 언어의 간결미(簡潔味)를 지향하려 했고 시와 그림 사이를 오가는 이미지즘에 더 이끌리었다.

　　모든 예술은 표준어라기보다는 작자 개체의 사투리라고 하지만, 이 시집을 냄으로써 '희망을 말하지 않는 시, 아무에게도 향해 있지 않은 시——절대한 시'를 향하여 품었던 젊은날 소승적 고독과 잔인한 자기방관의 시간들에서 한꺼풀 벗어나 보다 따뜻하고 보편적인 삶의 진실, 그 중심부로 나아가고자 한다——그리고 정진의 길은 멀다.

　　아버님 영전에 이 시집을 올린다.

1994년　봄
김　　경　　희

창비시선 118

작은 새 © 김경희 1994

───────────────────────────────

1994년 3월 25일 초판 인쇄
1994년 3월 30일 초판 발행

지은이 김　　경　　희
펴낸이 김　　윤　　수
펴낸곳 **창 작 과 비 평 사**
121-070 서울 마포구 용강동 50-1
전화 718-0541 · 0542(영업)
718-0543 · 0544(편집)
716-7876 · 7877(독자관리)
FAX. 713-2403
지로번호 3002568
대체구좌 010041-31-0518274
등록 1986. 8. 5 제10-145호

───────────────────────────────

ISBN 89-364-2118-2 03810　　　　값 **3,000원**